INHALT

WAS SIE BRAUCHEN

Material und Werkzeug

Einiges an Material für die Schmuse-puppen findet sich in jedem Haushalt. Den Rest bekommen Sie in Hobbyfachgeschäften, im Kaufhaus oder – z.B. den Schlauchverband – in der Apotheke.

Werkzeug und Hilfsmittel

• Nähmaschine
• Nähmaschinennadeln (unbedingt erforderlich: eine Jerseynadel)
• Nähnadel-Sortiment
• lange Nähnadel
• Stecknadeln mit Glas- und mit Stahlkopf
• Häkelnadel (Stärke 3 bis 3,5, für Bouclégarn Stärke 5)
• Maßband
• Haushalts-Gummiringe
• Stoffschere
• Bügeleisen

Material

• Reste von alten Leintüchern
• Wattevlies
• Trikotstoff für Gesicht und Körper (hautfarben bzw dunkelbraun)
• Füllwatte oder Granulat
• Baumwoll- oder Nicki-Stoff (Reste)
• Mohair- oder Bouclégarn, Lang-haar-Mohairplüsch oder Fellreste
• Schlauchverband
• Nähgarn (weiß, hautfarben und zu den Kleiderstoffen passend)
• Abbinde- oder Häkelgarn (weiß, gewachst)
• Perlgarn, weiß

Helga
Witt

SCHMUSEPUPPEN

VORLAGENMAPPE

AUGUSTUS
VERLAG

Vorwort

Puppenmachen ist ganz groß in
Mode gekommen. Viele Puppen-
mütter haben mir schon bestätigt,
daß das Puppenmachen sehr
ansteckend ist.
Besonders beliebt sind Puppen, die
man aus- und anziehen kann. Des-
halb stelle ich Ihnen gleich mehrere
davon vor. Dazu kommen weiche
Puppen aus Nicki-Stoff, so richtig
zum Kuscheln, kleine Püppchen als
Geschenk zur Geburt eines Kindes,
die sich auch in einer durchsichtigen
Kugel verschenken lassen. Gleich
zweimal ist der Nikolaus vertreten:
mal als Tischdekoration, mal als
Adventskalender im Ballon mit den
24 Säckchen am Korb.
Den eigenen Gestaltungsmöglich-
keiten sind keine Grenzen gesetzt.
Probieren Sie selbst aus, was alles
in Ihnen steckt!
Ich wünsche Ihnen mit den Vorla-
gen viel Vergnügen und mir, daß
Sie Spaß, Ausdauer und Erfolg
beim Nacharbeiten und Selbst-
gestalten Ihrer Puppen haben.
Material wie Wolle und Stoffe, aber
auch Pinsel, Augenstempel und
Farben erhalten Sie im Fachhandel,
können sie aber auch bei mir
bestellen:

Helga Witt
Puppen zum Selbermachen
Sonnenstr. 93
40227 Düsseldorf
Telefon/Fax: (02 11) 77 50 90

2

SO WIRD'S GEMACHT

Arbeitsanleitung für alle Puppentypen

Egal welche Puppe Sie machen möchten – diese Arbeitsschritte sind bei allen Puppen gleich: Herstellung von Kopf- und Rumpf-Rohling, das Bemalen der Gesichter und das Anfertigen der Frisuren.

Vorarbeiten:

Sie brauchen:
Wattevlies (15 cm breit)
einen Streifen Leintuch
Schere
Maßband

Die Zuschneidepläne enthalten alle Maße, die Sie für die verschiedenen Puppentypen benötigen.

Wattevlies zuschneiden:

Zunächst nehmen Sie den Zuschneideplan der Puppe Ihrer Wahl. Die Einteilung ist dort erklärt. Sie brauchen das Vlies für den Kopf und den Rumpf.

Bauchrolle

Die Bauchrolle entsteht – je nach Modell – aus Vlies- oder Leintuch-streifen. Manche Puppen kommen auch ganz ohne Bauchrolle aus. Die Maße für den Umfang der Bauchrolle entnehmen Sie dem Zuschneideplan.
Beim Aufrollen bitte beachten, daß die Rolle wie ein Verband – also ganz straff – aufgerollt wird.

Kopf- und Rumpf-Rohling

Material:
Bauchrolle (aus Leintuchstreifen bei größeren, aus Vliesstreifen bei kleineren Puppen)
Wattevliesstreifen (nach Angabe beim einzelnen Modell)
Nähgarn, hautfarben
weißes Abbindegarn (Länge je nach Puppe verschieden)
weißes Perlgarn
Haushalt-Gummiring
Häkelnadel Stärke 3 bis 3,5, bei Bouclégarn Stärke 5
Nähnadel
lange Nähnadel
Schere
Maßband
Kopftrikot (je nach Größe der Puppe)

Der Kopf für alle Puppen

Zunächst den Schlauchverband an einem Ende mit einem kleinen Stück des weißen Abbindegarns abbinden. Das Ende ca. 1,5 cm überstehen lassen.
Achtung: Für die kleinen Puppen werden nur zwei Halsstreifen benötigt, die kreuzförmig ausgelegt werden.
Jetzt die beiden Halsstreifen horizontal in zwei Lagen teilen, so daß zwei dickere und zwei dünnere Halsstreifen entstehen.

Die beiden dickeren Streifen mit der flauschigen Seite nach unten kreuz-förmig auf den Tisch legen. Die bei-den dünneren Streifen so darüber-legen, daß ein Stern entsteht.
Jetzt die beiden Vliesstreifen für die Kopfrolle nehmen und den ersten ungeteilt fest aufwickeln. Den ande-ren Streifen in zwei Lagen teilen und um die längliche Kopfrolle wickeln.

Halten Sie dabei die Kopfrolle immer in senkrechter Position, und umwickeln Sie nur senkrecht von oben nach unten. Es entsteht ein dicker, eiförmiger Ball. Diesen Ball stellen Sie jetzt hochkant genau in die Mitte des Sterns. Die auf dem Tisch liegenden Halsstreifen werden jetzt um den Ball gelegt, so daß der Ball ganz umhüllt ist. Es geht am einfachsten, wenn Sie mit der linken Hand den Kopf mit den bereits hochgeschlagenen Streifen solange zusammenhalten, bis Sie mit der rechten Hand jeden einzelnen Streifen um den Kopfkern gelegt haben (für Linkshänder umgekehrt). Den Schlauchverband über die Hand ziehen, so daß der Knoten außen in der Mitte ist und über den Ball stülpen. Mit der anderen Hand halten Sie die Halsstreifen zusammen. Die abgebundene Seite des Schlauchverbandes liegt jetzt innen, oben auf der Mitte des Kopfes. Nehmen Sie den Rohling in die rechte (linke) Hand und drücken Sie den Watteball mit der anderen Hand fest nach oben in den Schlauchverband. Dabei ziehen Sie immer mit der freien Hand den Schlauchverband weiter nach unten, so daß Luft entweichen kann und die Hülle schön stramm sitzt. Wenn der Kopf den gewünschten Umfang hat, wird er fixiert: Nehmen Sie hierzu den Kopf mit den überstehenden Halsstreifen und binden sie ihn mit dem Abbindegarn fest ab. Die aus dem Hals heraushängenden Vliesstreifen nicht abschneiden!

Gesichtseinteilung

Es werden zwei Stücke weißes Abbindegarn in entsprechender Länge benötigt. Mit dem ersten formen Sie auf dem Tisch zwei Schlaufen, die wie ein doppeltes „e" aussehen.
Das erste „e" legen Sie jetzt auf das zweite „e" (= Fischerknoten; siehe Abbildung)

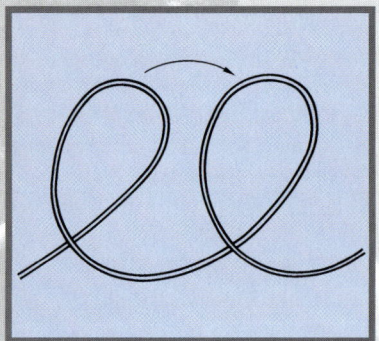

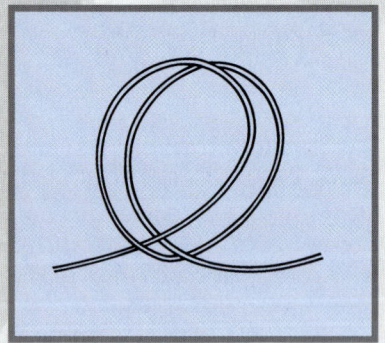

Den Fischerknoten nehmen Sie immer zum Abbinden. Ein Fadenende kommt von rechts, das andere von links.
Dieser Fischerknoten wird jetzt waagerecht um den Kopf gelegt, etwa zwei Maschenreihen unterhalb der Kopfmitte. Die Fäden anziehen, damit sich oberer und unterer Kopfteil herausbilden. Mit diesem Faden ist die Augenlinie bestimmt worden.

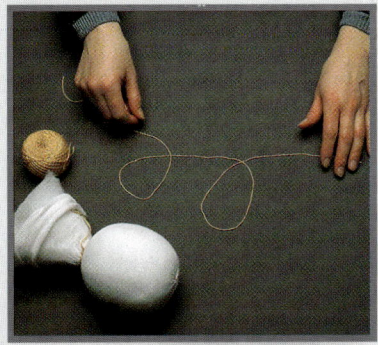

Ein zweites Stück Abbindegarn wird wieder zu einem Fischerknoten gelegt, aber diesmal senkrecht um den Kopf gelegt. Wieder leicht anziehen. Mit diesem Faden wurde die Wangenlinie und der Hinterkopf festgelegt. Wichtig ist, daß die „schönere" Seite des Kopfes für das Gesicht gewählt wird. Dieser Faden wird vorne als Kinnfaden etwas angezogen, damit das Gesicht Kontur bekommt.

Das Köpfchen ist jetzt rundherum „geviertelt". Wenn sie jetzt alle Fadenenden noch etwas anziehen, wirkt das Gesicht richtig plastisch. Wir haben jetzt vier Fadenenden. Je ein Fadenpaar wird zu den Ohrpunkten gezogen – das sind die Kreuzungspunkte des waagerechten Augenfadens mit dem senkrechten Wangenfaden. Die Fäden auf den jeweiligen Ohrpunkten mit einem speziellem Knoten fixieren: Mit der Häkelnadel wird ein Fadenende des Fadenpaares diagonal unter dem Augenfaden durchgezogen (von links oben nach rechts unten). Das andere Ende des gleichen Fadenpaares wird auch diagonal, aber von rechts oben nach links unten durchgezogen. Mit einem Doppelknoten sichern. Für den anderen Ohrpunkt gleich verfahren.

Nach dem Verknoten alle vier Fäden oben auf dem Kopf nochmals verknoten und auf ca. 1 cm kürzen.

Hinterkopf

Um den Hinterkopf zu formen, schieben wir den waagerechten Augenfaden mit der Häkelnadel zum Nacken herunter.

Achtung: Das Gesicht ist dort, wo der Kinnfaden vorne liegt.

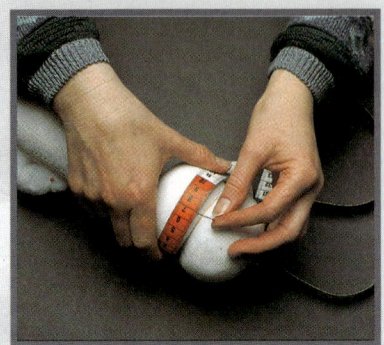

Wichtig:

Bei den Materiallisten zu den einzelnen Puppen gibt das Zeichen Δ vor einer Zentimeterangabe an, daß dieses Maß im Fadenlauf geschnitten wird. Δ15 x 14 cm bedeutet also, daß der Trikotstoff im Fadenlauf 15 cm hoch und 14 cm breit geschnitten werden muß. Das ist wichtig, damit der Trikotstoff auch wirklich um den Kopf paßt und keine häßlichen „Querrippen" auf Kopf oder Körper entstehen.

Rumpf (Bilder links)

Den unteren Teil des Schlauchverbandes über Hals und Kopf zurückziehen, so daß die Halsstreifen wieder sichtbar sind. Die Halsstreifen werden jetzt leicht auseinandergezogen, bis sie wieder sternförmig aufgefächert sind. Jetzt wird die Bauchrolle genau in die Mitte des Sterns gesteckt. Die Halsstreifen nun wieder nach unten legen und mit den letzten Vliesstreifen umwickeln. Den Schlauchverband wieder über das ganze Rumpfstück ziehen und am unteren Ende mit der Hand einreihen, um ihn später an dieser Stelle kräuseln zu können. Der Rumpf sollte etwa eineinhalbmal so lang sein wie der Kopf. Den Kräuselfaden fest zusammenziehen, den Rest des Schlauchverbandes nach innen stecken und den Faden fest verknoten. Der Rumpf ist jetzt geschlossen und damit fertig.

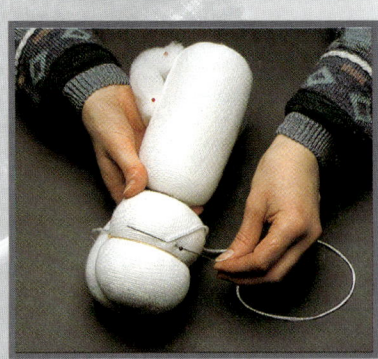

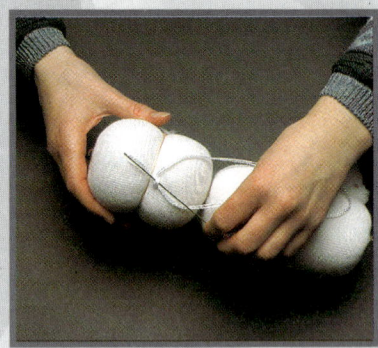

Achtung:

Für die kleineren Puppen nehmen wir das Vlies für den Bauch und teilen es in zwei Lagen. Die dickere Lage rollen wir auf (das ist dann die Bauchrolle für diese Puppen). Die Halsstreifen wieder darüber legen und mit der dünneren Lage umwickeln.

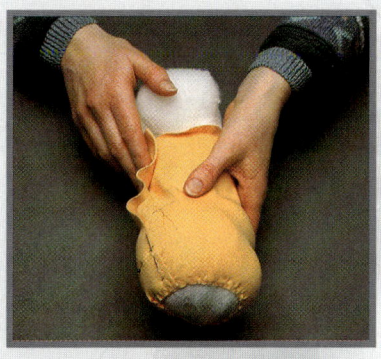

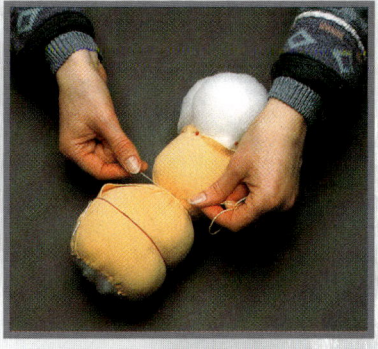

Nase (Bilder links)

Auf der Gesichtsseite unterhalb des Augenfadens den Abstand von Ohrpunkt zu Ohrpunkt messen. Die Mitte mit einer Glaskopf-Stecknadel markieren. Nun mit einer spitzen Nähnadel in Höhe der dritten oder vierten Masche unter dem Augenfaden vorsichtig etwas Vlies aus dem Schlauchverband herauszupfen. Hierzu braucht man etwas Fingerspitzengefühl. Am besten ausprobieren: Legen Sie immer wieder das Kopftrikot zur Probe über die Nasenform. Sie können die Nase aber auch sticken. Auf der Gesichtshälfte unterhalb des Augenfadens von Ohrpunkt zu Ohrpunkt den Abstand messen. Die Mitte mit einer Glaskopf-Stecknadel markieren. Die Markierung 1 cm unter den Augenfaden setzen. Von dieser Markierung aus zu jeder Seite jeweils 6 mm abmessen und mit je einer weiteren Nadel markieren. Die mittlere Nadel entfernen. Zum Sticken nehmen Sie jetzt weißes Perlgarn (Stickgarn). Einen Faden in eine lange Nadel einfädeln und am rechten oder linken Ohrpunkt einstechen. Sie sollten an der ersten Markierungsnadel der Nase herauskommen. Jetzt an der zweiten Nadel wieder einstechen und zu der ersten Nadel zurückgehen (= Spannstich). Diesen Spannstich dreimal wiederholen. Dann mit der stumpfen Nadelseite den Faden um diese Spannstich wickeln. Das Gesichtstrikot zur Probe über die Nase legen. Wenn die Nase noch nicht gefällt, noch einmal mit dem Faden umwickeln. Bitte darauf achten, das die Wicklungen nebeneinander und nicht übereinander liegen. Sollte Ihnen die Nase gefallen, den Faden zum anderen Ohrpunkt führen und dort verknoten.

Mit Trikot bespannen
(Bilder oben)

Sobald die Nase fertig ist, ziehen Sie das Gesichtstrikot stramm um den gesamten Kopf. Mit Stecknadeln an der Mitte des Hinterkopfes feststecken. Achten Sie auf einen genau senkrechten Fadenlauf! Das Trikot wird jetzt mit Hexen- oder Kreuzstichen rundherum am Kopf festgenäht. Der Hinterkopf wird zunächst nur bis zur Mitte geschlossen.

Damit an der Augenlinie nicht zuviel Trikot heruntergezogen wird, legen Sie dort einen Gummiring waagerecht in Höhe des Augenfadens um den Kopf. Nun das untere Stück Trikot glattziehen und mit Stecknadeln am Vorder- und Rückenteil des Rupmpfes feststecken. Mit dem hautfarbenem Abbindegarn einen Fischerknoten um den Hals legen und vorsichtig zuziehen. Dabei unbedingt darauf achten, daß zum Gesicht hin keine Falten entstehen! Den Trikotstoff jetzt hinten etwas übereinanderlegen. Diese Mittelnaht und alle übrigen Kanten rundherum mit Hexenstich am Rumpf festnähen.

Po (Bilder unten)

Damit die Puppe besser sitzen kann, setzen wir noch ein Polster für den Po an. Dazu binden Sie ein kleines Stück Wattevlies mit einem reißfesten Faden wie eine Fliege in der Mitte zusammen. Diese Fliege setzen Sie so auf die Körperrückseite, daß die Abbindestelle in der Körpermitte liegt, also auf einer gedachten Wirbelsäule. Bei der seitlichen Begrenzung des „Sitzpolsters" helfen die Ohrpunkte: Denken Sie sich von den beiden Ohrpunkten abwärts jeweils eine senkrechte Verlängerungslinie, das ergibt den linken und den rechten Seiten-Grenzpunkt. Nähen Sie jetzt den Po fest – aber bitte nur unten, an der rechten und linken Außenbegrenzung. Der obere Rand bleibt offen, falls wir später noch etwas nachpolstern möchten.

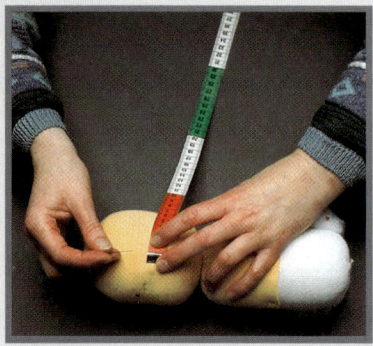
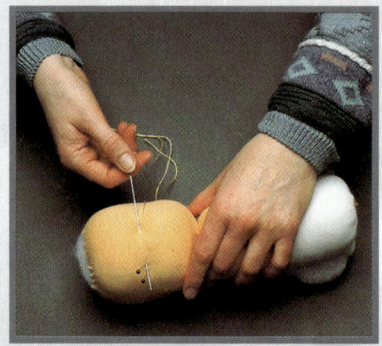
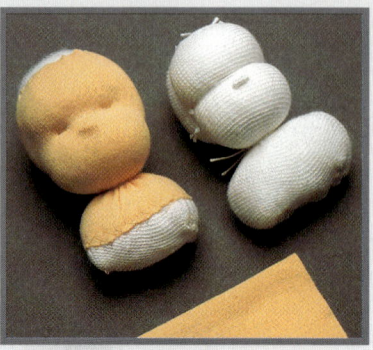

Augen

Damit der Trikotstoff auch in der Augenlinie schön eng anliegt, wird jetzt ein weiterer Augenfaden eingezogen: Dazu markieren Sie zuerst die Augen mit vier Stecknadeln. Dabei müssen Sie den weißen Augenfaden unter dem Trikot treffen.

So bekommen Sie den richtigen Augenabstand: Von den Nasenflügeln aus, nach beiden Seiten, wird im Abstand von 0,8 bis 1,1 cm (je nach Puppe) je eine Stecknadel gesteckt. Von dieser Nadel noch einmal jeweils 0,6 cm in Richtung Ohr abmessen und je eine weitere Nadel einstecken. Mit dem hautfarbenen Abbindegarn und einer langen, spitzen Nadel wird jetzt von einem Punkt hinter dem Ohr bis zur ersten Nadel (äußerer rechter oder linker Augenwinkel) ein langer Stich gemacht. Gehen Sie dabei gut 2 mm unter das Trikot. Wichtig: Der Faden muß genau am Stecknadel-Punkt wieder herauskommen, die Stecknadel also entfernen.

Stechen Sie nun von diesem Punkt aus zur zweiten Nadel (dem inneren Augenwinkel). Der Stich liegt sichtbar auf dem Trikot. Entfernen Sie die zweite Stecknadel und führen Sie den Faden wieder unsichtbar unter dem Trikot zum anderen Auge. Dort kommen Sie beim inneren Augenwinkel heraus (Nadel entfernen). Sie stechen beim äußeren Augenwinkel wieder unter den Trikotstoff und kommen schließlich wieder hinter dem Ohr heraus.

Legen Sie jetzt den Nähfaden an den beiden Ohrpunkten zur Schlaufe und führen das Fadenende durch die Schlaufe. Jetzt ziehen Sie die Schlaufe mit einer Nadel fest an den Kopf. Knoten verdoppeln.

Das Malen der Augen

Material:
Kopf- und Rumpfrohling
Trikotrest zum Üben
Stoffmalfarbe
roter Wachsmalstift
Maßband
Pinsel
Augenstempel
Stecknadel mit Stahlkopf
Wasserbecher
Papiertaschentuch

Tip:

Bevor Sie malen – Vorzeichnen ist nicht möglich – üben Sie auf einem Trikotrest.

Augenstempel und Pinsel sollten Sie immer gleich nach Gebrauch mit Wasser und Papiertaschentuch reinigen, bevor die Farbe trocknet. Zuerst wählen Sie die Augenfarben aus, schütteln das Fläschchen gut durch und schrauben es dann auf. Die Farbe wird immer nur aus dem Deckel entnommen.

Tupfen Sie jetzt den Augenstempel in etwas Iris-Farbe aus dem Deckel, rollen die Seiten des Stempels sauber ab, so daß nur die Farbe auf der Mitte des Stempels übrigbleibt. Setzen Sie jetzt den Stempel auf den Augenfaden so auf, daß er zu zwei Dritteln oberhalb und zu einem Drittel unterhalb des Fadens aufdrückt. Vorsichtig abheben und das zweite Auge genauso stempeln. Stempel reinigen.

Ein wenig Iris-Farbe auf einen Pinsel nehmen und den Stempelabdruck auf etwa 0,8 cm vergrößern. Über der Iris wird jetzt ein brauner Lidstrich gemalt. Das gelingt am besten, wenn Sie den

Pinsel ganz vorn und sehr steil halten. Setzen Sie in Höhe des Augenfadens an und ziehen Sie in einem leichtem Bogen eine feine Linie vom inneren zum äußeren Augenwinkel. Wenn die Puppe Augenbrauen haben soll, können Sie sie jetzt mit brauner Farbe malen. Bogenförmig geschwungen oder gerade – ganz wie Sie wollen.

Setzen Sie mit einem Stahlstecknadelkopf und schwarzer Farbe die Pupille in die Iris. Mit weißer Farbe einen kleinen Halbkreis auf die untere Iris tupfen. Für den Augapfel werden kleine, weiße Halbmonde jeweils rechts und links neben die Iris gemalt. Seitlich noch einen kleinen, weißen Glanzpunkt in die Pupille setzen, und die Augen sind fertig.

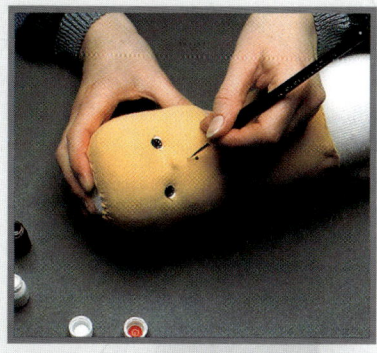 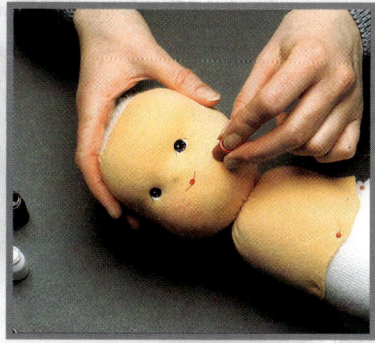 

Mund

Wenn die Augenfarbe getrocknet ist, messen Sie den Abstand von Auge zu Auge. Um dieses Maß gehen Sie von der Nasenwurzel zwischen den Augen senkrecht nach unten. Dort sitzt der Mund an der richtigen Stelle. Markieren Sie diese Stelle mit einer Stecknadel. Regel: Die Verbindungslinien zwischen beiden Augen und Mund bilden ein gleichseitiges Dreieck! Nehmen Sie jetzt etwas rote Farbe auf den Stahlkopf einer Stecknadel. Stempeln Sie damit den Markierungspunkt (Stecknadel entfernen). Nun den Punkt zum Kreis vergrößern. Nach rechts und links malen Sie einen kleinen Aufstrich zu den Mundwinkeln: Der Mund lächelt.

Das Malen geht am einfachsten, wenn Sie den Pinsel steil senkrecht halten und die Farbe nur ganz dünn und vorsichtig auftragen. Lieber zuwenig als zuviel!

Einen herzförmigen Mund malen Sie folgendermaßen:
Der Mund wird wie vorher beschrieben markiert. Knapp rechts und links von der Markierung setzen Sie mit dem Pinsel und wenig roter Farbe zwei kleine Punkte. Vergrößern Sie die Punkte, bis sich die Kreise berühren. Nun erst von rechts, dann von links jeweils eine kurze, bogenförmige Linie ziehen. Bevor Sie die Unterlippe malen, bestimmen Sie nach Belieben den rechten und den linken Mundwinkel. Verbinden Sie diese mit einem breiten Bogen.

Wangen

Zum Schluß wird das Wangenrouge aufgelegt. Dazu nehmen Sie den roten Wachsmalstift und tragen mit leichtem Druck kreisförmig etwas Farbe auf. Mit dem Papiertuch behutsam im Fadenlauf verreiben.

Frisur

Zunächst zur gehäkelten Mohair-Perücke: Das Grundmuster ist für alle Frisuren gleich. Sie häkeln fünf Luftmaschen, die zu einem Kreis geschlossen werden. Den Anfang mit einem farbigen Bändchen kennzeichnen. In die Mitte des Kreises werden sechs bis acht feste Maschen gehäkelt. Bitte schon jetzt darauf achten, das der Flausch des Mohairs immer vom Faden abgezogen und nur der Faden selbst verhäkelt wird. Wenn der Kreis geschlossen ist, und der Flausch richtig abgezogen wurde, ist jetzt eine kleine haarige Platte zu erkennen. Sie wird jetzt wie folgt erweitert: In der 1. Runde werden alle Maschen verdoppelt, d. h. in eine Masche der Vorreihe werden zwei feste Maschen gehäkelt. In der zweiten Runde wird jede 2. Masche verdoppelt, in der 3. Runde jede 3. Masche usw. Häkeln Sie weiter, bis ein Deckchen von etwa 9 cm Durchmesser entstanden ist. Jetzt ohne Zunehmen weiterhäkeln. Damit die Perücke gut sitzt, mehrmals auf den Puppenkopf setzen: Der markierte Anfangspunkt der fertigen Perücke bildet den Wirbel auf der Hinterkopfmitte. Vorn sollten Ponyfransen ein wenig in die Stirn hängen.
Die fertige Perücke mit der Drahtbürste so auskämmen, daß der Flausch schön lang wird. Am Perückenrand auch von innen gut

bürsten, damit der Häkelrand verdeckt wird. Die Perücke erst annähen, wenn die ganze Puppe fertig ist. Dazu brauchen Sie das hautfarbene Nähgarn, am besten mit doppeltem Faden. Perücke mit Stecknadeln feststecken und mit kleinen Steppstichen per Hand festnähen. Diese Naht liegt unsichtbar in der zweiten Häkelreihe.
Aus diesen Grundtyp lassen sich viele Frisuren entwickeln, z.B. für Jungen, indem Sie die Haare entsprechend kürzen, Frisuren für Mädchen, indem Sie Zöpfe einhängen, oder Lockenfrisuren mit Bouclégarn. Sie können aber auch eine Perücke aus Mohairplüsch herstellen: Hierzu brauchen Sie den Perückenschnitt vom Schnittmusterbogen für Ihre Puppe. Übertragen Sie den Schnitt auf Seidenpapier und legen Sie ihn auf den Plüsch, so daß die langen Haare der Perücke zu Ihnen zeigen (Fadenlauf)! Beim Ausschneiden darauf achten, daß nur der Stoff nicht aber das Fell geschnitten wird! Stellen Sie vor dem Ausschneiden fest, ob der Schnitt die Nahtzugabe beinhaltet oder nicht. Am besten ist es, wenn Sie aus altem Stoff eine Probeperücke anfertigen.
Zuerst nähen Sie die Abnäher zusammen, danach stecken Sie die beiden Kanten zusammen und probieren die Perücke auf. Bei Bedarf können Sie die Weite noch verändern, sonst steppen Sie die Naht mit der Maschine zusammen.
Perücke der Puppe anziehen, gut runterziehen. Sollte dennoch etwas Platz unter der Perücke sein, können Sie diesen mit noch etwas Watte ausfüllen. Beim Annähen den vorderen Rand einschlagen und sorgfältig annähen. Den Plüsch mit der Drahtbürste etwas bürsten.

PÜPPCHEN FÜR DIE KLEINSTEN

Puppengröße: 15 cm
Kopfumfang: 13 cm

Material

Wattevlies, 30 x 15 cm
Schlauchverband für den Kopf,
25 x 4 cm
Schlauchverband für Arme und
Beine, 44 x 2 cm
Trikot für das Gesicht, △9 x 9 cm
Trikot für Hände und Füße,
△5 x 30 cm
Abbindegarn, weiß, 2 x 30 cm
Abbindegarn, hautfarben, 2 x 30 cm
Füllwatte
Baumwollstoff für die Kleidung,
18 x 56 cm
evtl. ein Rest Spitze für den Kragen

Den Kopf herstellen, wie auf Seite 5 beschrieben. Dabei werden nur zwei Halsstreifen als Kreuz gelegt.

Für den Bauch wird das Vlies in zwei Lagen geteilt und eine Lage aufgerollt (Bauchrolle). Diese Rolle wird in den Stern der Halsstreifen gestellt und mit der zweiten Vlieslage umwickelt.

Weiterarbeiten, wie ab Seite 7 beschrieben. Den Augenabstand nach Augenmaß bestimmen.

Hände und Füße

Für Hände und Füße werden die entsprechenden Schnitte und der Trikotstoff gebraucht.
Den Stoff doppelt legen, den Schnitt auflegen, den Umriß aufzeichnen und umnähen. Erst danach mit 0,5 cm Nahtzugabe ausschneiden. Anschließend beide Hände und Schuhe mit Watte ausstopfen. Hände am Handgelenk, Schuhe an der Abbindestelle (s. Kasper) mit hautfarbenen Abbindegarn und einem Fischerknoten abbinden, zusammenziehen und verknoten.

Arme und Beine

Teilen Sie das Stück Schlauchverband in vier gleiche Stücke. Je zwei Stücke für die Arme und für die Beine nehmen. Die abgebundene Hand bzw. den abgebundenen Fuß jetzt so in den Schlauchverband stecken, daß sie am Schlauchanfang innen liegen. Das Ganze mit Fischerknoten sichern. Die Abbindestellen liegen jetzt außen auf dem Verband, genau auf der Abbindung von Hand oder Fuß. Nun die Verbände wenden und die Hand oder den Fuß rundherum mit festen Handstichen daran festnähen. Anschließend mit dem anderen Schuh oder der anderen Hand ebenso verfahren. Alle vier Teile mit einem kleinen Watteball ausstopfen und über diesem Ball abbinden. Nehmen Sie jetzt das fast fertige Kopf-/Rumpfteil und nähen Sie Arme und Beine an: Die Ansatzpunkte für die Arme liegen an den Seiten des oberen Rumpfteils, so daß die Arme senkrecht am Körper herunterhängen. Die Beine werden seitlich am unteren Ende – jeweils halb am Rücken-, halb am Vorderteil – angenäht.

Kleidung

Hierzu brauchen Sie den Anzug und die Zipfelmütze. Die entsprechenden Schnitte abnehmen, auf den Stoff legen und ohne Nahtzugabe ausschneiden.

Anzug

Jeweils zwei Hosenbeine zusammennähen. Hosenbeine an das Vorder- bzw. Rückenteil annähen. Vorder- und Rückenteil rechts auf rechts zusammenlegen und die seitlichen Nähte schließen. Zum Schluß die innere Beinnaht schließen.
Das Püppchen von oben (Halsausschnitt) in den Anzug stecken. Halsausschnitt einkräuseln und annähen, Stoff nach innen schlagen und festnähen. Evtl. einen Rest Spitze einkräuseln und als Kragen annähen. Ärmel an den Handgelenken und Hosenbeine an den Füßen einkräuseln, anziehen und festnähen.

Mütze

Die Naht der Mütze schließen und die Mütze wenden. Zipfelmütze aufsetzen, etwas einschlagen und im Matratzenstich annähen.

Wer möchte, kann das Püppchen in eine Kunststoffkugel, ca. 14 cm Durchmesser, setzen und über dem Kinderbett aufhängen. Dies ist auch ein schönes Geschenk zur Geburt.

KISSEN-PÜPPCHEN LISA

Puppengröße: 30 cm
Kopfumfang: 19 cm

Material

Wattevlies, 70 x 15 cm
Schlauchverband für den Kopf,
25 x 5 cm
Trikot für das Gesicht, ∆15 x 14 cm
Trikot für den Körper, ∆6 x 20 cm
Abbindegarn, weiß, 2 Stücke à 80 cm
Abbindegarn, hautfarben, 80 cm
Füllwatte
Nicki-Stoff für den Anzug, 21 x 44 cm
kontrastfarbiger Nicki-Stoff für Mütze,
Tasche und Schuhe, 24 x 36 cm

Den Kopf herstellen, wie auf Seite 5
beschrieben (Augenabstand: 8 mm
von Nasenwurzel, 5 mm von der
ersten Stecknadel in Richtung Ohrpunkt). Dieses Püppchen braucht
keinen Rumpf. Schlauch und Trikotstoff dürfen locker herunterhängen.
Die Hände vom Schnitt auf den doppelten Trikotstoff übertragen und
umnähen. Mit 0,5 cm Nahtzugabe
ausschneiden und mit Watte ausstopfen. Am Handgelenk mit einem
Fischerknoten sichern (hautfarbenes Garn).

Kleidung

Die Kleidung besteht aus Anzug mit
Tasche, Mütze und Schuhen.
Alle Teile vom Schnitt auf den Stoff
übertragen und mit 0,5 cm Nahtzugabe ausschneiden.

Mütze

Die Naht schließen und die Mütze
wenden.

Schuhe

Die Nähte schließen, die Schuhe
wenden und mit Watte füllen.

Der Anzug

Tasche umnähen und auf das
Vorderteil nähen. Alle Nähte – bis
auf die Markierungen – schließen.
Den Anzug locker ausfüllen, den
Kopf in den Halsausschnitt stecken
und den Ausschnitt 1 cm vom Rand
entfernt einkräuseln, zuziehen und
verknoten. Anzug am Hals festnähen. Hände in den Anzug stecken,
Stoff einkräuseln, zuziehen, verknoten und die Hände am Stoff
festnähen. Mit den Schuhen ebenso
verfahren. Dann die Zipfelmütze
aufstecken, unteren Rand einschlagen und mit Matratzenstich annähen. Damit das Püppchen etwas
Figur bekommt, wird ein doppelter
Seidenfaden in Anzugfarbe genom-
men und in eine lange Nadel ein-
gefädelt. Auf der unteren Seite
zwischen den beiden Schuhe die
Mitte markieren. Hiervon nach jeder
Seite etwa 0,3 cm abmessen und
ebenfalls markieren. Die Mittel-
markierung entfernen. Jetzt ca. 4 cm
unter der rechten oder linken Hand
in den Körper einstechen und bei
der diagonal weitesten Markierung
herauskommen (siehe Zeichnung).
Bei der anderen Markierung wieder
einstechen und zur anderen Seite
ca. 4 cm unter der Hand herauskommen. Jetzt die Nadel quer durch
den Körper zurück an den Anfang
stechen. Anfang und Ende des
Fadens etwas anziehen und miteinander verknoten.

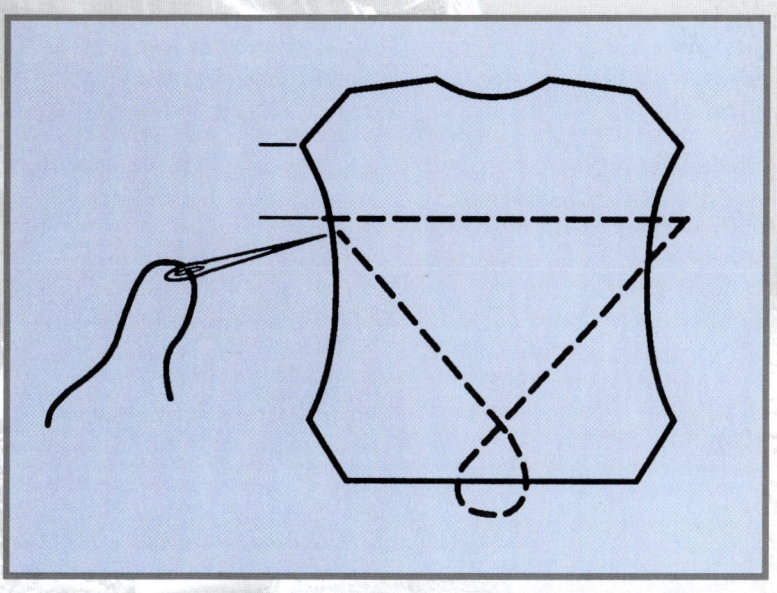

BABYPUPPE SONJA

Puppengröße: 25 cm
Kopfumfang: 19 cm

Material

Wattevlies, 70 x 15 cm
Schlauchverband für den Kopf,
25 x 5 cm
Trikot für das Gesicht, Δ15 x 14 cm
Trikot für den Körper, Δ18 x 100 cm
Abbindegarn, weiß, 2 Stücke à 80 cm
Abbindegarn, hautfarben, 80 cm
Granulat zum Füllen der Puppe
Mohairplüsch für die Perücke oder
die Perücke häkeln
Baumwollstoff für den Strampel-
anzug, 22 x 78 cm
evtl. ein Rest Frotteestoff für das
Vorderteil
Schrägband zum Einfassen des
Halsausschnitts
3 Druckknöpfe

Zunächst den Kopf anfertigen, wie
auf Seite 5 beschrieben. Für die
Babypuppe Sonja wird kein Rumpf
gearbeitet. Die Halsstreifen, die
nach dem Abbinden überstehen,
werden später ganz eng aufgerollt.
Aber vorher muß das Gesicht abgebunden und die Nase gestickt oder
gezupft sein.

Bruststück

Für das Bruststück werden zwei
Halsstreifen von vorne und zwei von
hinten verwendet. Erst die hinteren
Bänder eng aufrollen, dann die Bänder von vorne darüberlegen. Den
Schlauchverband darüberziehen,
etwas einschlagen und zunähen.

Trikot aufnähen

Sobald das Bruststück fertig ist,
ziehen Sie den Gesichtstrikotstoff
stramm um den gesamten Kopf und
befestigen ihn, wie auf Seite 9

beschrieben. Zum Schluß nähen Sie
das Trikot am Bruststück fest und
malen das Gesicht auf. Die Perücke
nach dem Schnitt anfertigen und auf
dem Puppenkopf erst nach Fertig-
stellung der Puppe festnähen.

Körper

Arme, Beine und Bauch vom
Schnittbogen auf Seidenpapier
(oder Butterbrotpapier) abpausen.
Arme und Beine auf den Trikotstoff
legen (auf den Fadenlauf achten!),
umnähen, mit ca. 0,5 cm Nahtzugabe ausschneiden und auf
rechts drehen. In die Arme und
Beine das feine Granulat bis zur
Markierung füllen.
Die Arme mit einem Fischerknoten
wie eine Wurst abbinden, dabei darauf achten, daß ca. 1,5 bis 2,0 cm
zum späteren Annähen an den Körper überstehen.
Die mit Granulat gefüllten Beine so
zusammenlegen, daß die Nähte
übereinanderliegen. Mit groben
Stichen schließen.
Jetzt das Vorder- und das
Rückenteil mit einem Bleistift vorsichtig auf den Trikotstoff übertragen. Auch die drei Falten-Markierungen vom Schnitt auf das Vorderteil übertragen. Die rechte Stoffseite
noch mit der Faltenmittellinie
markieren.
Die Beine werden auf der rechten
Trikotseite an die Faltenmittellinie
gelegt und mit der Maschine aufgesteppt. Die beiden Markierungen (1)
aufeinanderlegen und von der
linken Stoffseite aus zusammensteppen. Die Mittellinie mit den aufgesteppten Beinansätzen steckt
jetzt in der nach innen einge-
schlagenen Falte (siehe auch Fotos
auf den Seiten 16 und 17). Danach

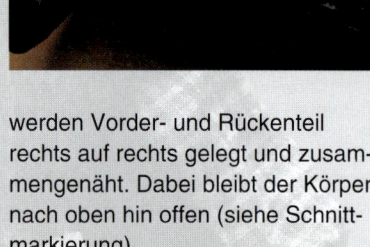

werden Vorder- und Rückenteil
rechts auf rechts gelegt und zusammengenäht. Dabei bleibt der Körper
nach oben hin offen (siehe Schnitt-
markierung).
Jetzt nähen wir aus einem Stück
Trikotstoff den Bauchbeutel. Dafür
den Schnitt „Rückenteil" verwenden,
jedoch die Naht bis oben schließen.
Den Schnitt auf das Trikot übertragen und umnähen. Mit 0,5 cm
Nahtzugabe ausschneiden. Jetzt
mit dem Rest des Granulats bis zur
Markierung füllen und das Bruststück mit dem Kopf bis zur Hals-
abbindestelle einsetzen.
Den Po ansetzen, wie auf Seite 9
beschrieben

Halsabschluß

Um einen sauberen Halsabschluß
zu erhalten, fädeln Sie das hautfarbene Abbindegarn in eine Nähnadel ein. Messen Sie oben am
Vorderteil von der rechten Seitennaht 3 cm nach links zur Brustmitte
hin. Markieren Sie diesen Punkt mit
einer Stecknadel. Das gleiche von
der linken Seitennaht nach rechts
wiederholen. Auf dem Rückenteil
beidseitig genauso 3 cm zur Mitte
abmessen und markieren. Nun wird
der Stoffbruch des Umschlages am
Halsausschnitt wie folgt einge-

kräuselt: Von der ersten 3-cm-Markierung bis zur zweiten kleine Reihstiche setzen. Faden über die Schulter zur ersten Markierung auf dem Rücken spannen. Dort ebenso einkräuseln. Die vier Stecknadeln und die Nähnadel entfernen. Beide Fadenenden, die einmal von der Vorder- und einmal von der Rückenseite kommen, fest anziehen und verknoten. Noch sichtbare Stoffteile vom Halsabbinden mit der Schere unter das Abbindgarn schieben. Darauf achten, das der Trikotstoff keine Falten wirft!

Schulternaht

Der Trikotstoff, der auf beiden Schultern übersteht, wird auf 1,5 cm gekürzt. Die Kanten werden übereinandergelegt, dabei die obere einschlagen. Die Schulternaht mit Matratzenstich schließen.

Arme annähen

Denken Sie sich vom Ohrpunkt des Kopfes eine Linie nach links und rechts zu den Schultern: Dort werden die Arme rundherum mit doppeltem Faden (Nähseide) und Hexenstich angenäht, so daß die Ansatznaht kreisförmig ist. Achten Sie darauf, daß die beiden Daumen nach vorn zeigen.

Den Rumpf in den Körper stecken

Das ganze Körperstück wird jetzt über den Rumpf-Rohling gezogen. Zurechtzupfen, bis die Nähte gerade und genau an den Seiten sitzen. Der obere Trikotrand darf nicht so straff sitzen, daß die Arme automatisch hochklappen. Nun die Trikotkante etwa 2 bis 3 cm nach innen einschlagen.
Jetzt die Schultern und den Halsabschluß zunähen, wie oben beschrieben.

Bauchnabel und Po

Schön ist es auch, wenn die Puppen noch einen Bauchnabel und eine Po-Ritze bekommen:
Zwischen den Seitennähten wird die Mitte im unteren Drittel der Vorderseite mit einer Stecknadel markiert. Jetzt mit einer langen Nadel und dem hautfarbenen Abbindegarn an der Seite einstechen und bei der Nadel herauskommen. Vorher bitte einen einfachen Knoten am Garnende machen, der so klein sein muß, daß er unter den Trikotstoff gezogen werden kann. Nach dem Herauskommen den Faden fünfmal um die Nadel wickeln und eine Masche weiter wieder einstechen (Knötchenstich) und an der anderen Seite des Körpers wieder ausstechen. Beim Durchziehen einen Finger auf den „Bauchnabel" halten, bis der Faden fest angezogen ist. An der Seite den Faden verknoten, in dieselbe Masche wieder einstechen und zur Po-Mitte auf der Rückseite stechen. Dabei den Faden fest anziehen, daß der seitliche Knoten unter den Trikot gezogen wird. Den Faden dann im Spannstich zur unteren Mitte

zwischen den Beinen führen und einstechen, zurück im Spannstich und zwei Maschen vor der ersten Einstichstelle herauskommen. Jetzt noch einmal den Faden zur unteren Mitte führen, einstechen, an einer Seite herauskommen, verknoten und den Knoten unter dem Trikot verstecken, indem Sie nochmal in die gleiche Masche einstechen und den Faden unter den Trikotstoff ziehen. Faden fest anziehen und abschneiden.

Strampelanzug

Die Kleidungsstücke grundsätzlich mit einer Nahtzugabe von 0,5 cm zuschneiden.

Vorder- und Rückenteil:

Schulternähte schließen.
Vorder- und Rückenteil der Hose im Schritt schließen, am oberen Rand auf Oberweite einkräuseln, Vorderteil und beide Rückenteile feststeppen.
Ärmel einkräuseln, Armlänge festlegen und feststeppen. Gummi einziehen, auf Handgelenkbreite festziehen und ansteppen. Ärmel auf rechts drehen und in den Armausschnitt nähen. Halsausschnitt mit Schrägband einfassen.
Hosenteil: Gummi an der markierten Stelle am Hosenteil feststeppen, dabei etwas anziehen, damit der Stoff sich kräuselt. Innere Beinnaht steppen (Paßzeichen 2 auf 2 legen), Beinnaht zur Mitte falten und den Bogen nähen (Paßzeichen 3 auf 3 legen).
Füße: Fußnaht auf innere Beinnaht legen und vorne die Spitze abnähen.
Verschluß: Als Verschluß Druckknöpfe annähen.

GLIEDERPUPPEN ZUM AN- UND AUSZIEHEN

Puppengröße: 42 cm
Kopfumfang: 29,0 cm
Bauchrolle (aus Leintuchstreifen):
11 cm lang, ø 14 cm

Alle Gliederpuppen auf diesen Seiten sind nach dem gleichen Prinzip gearbeitet und unterscheiden sich nur durch Hautfarbe, Kleidung und Frisuren. So kann jeder eine Lieblingspuppe ganz nach seinem eigenen Geschmack anfertigen.

Material für eine Puppe

Wattevlies, 220 x 15 cm
Schlauchverband für den Kopf,
48 x 5 cm
Trikot für das Gesicht, Δ25 x 23 cm
Trikot für den Körper, Δ25 x 98 cm
Abbindegarn, weiß, 2 à 120 cm
Abbindegarn, hautfarben, 2 à 120 cm
Füllwatte
Garn, Fellrest oder Mohairplüsch für die Perücke
Stoffe und Zubehör für die gewünschte Kleidung

Stellen Sie das Kopf-Rumpf-Teil fertig, wie auf Seite 5 beschrieben und malen Sie das Gesicht auf. Die Perücke stellen Sie nach dem Schnitt aus Mohairplüsch her oder häkeln sie aus Mohairgarn. Übertragen Sie vom Schnittbogen alle Teile für den Puppenkörper auf Schnitt- oder Seidenpapier. Den Originalbogen nicht zerschneiden! Den Trikotstoff doppelt legen, so daß die linke Stoffseite außen liegt. Die beiden Lagen an einigen Punkten mit Stecknadeln zusammenstecken. Die Schnittteile so auf den Stoff legen, daß der Fadenlauf stimmt. Mit Bleistift alle Linien umfahren und alle Markierungen auf den Stoff übertragen.

Arme

Die Linien mit möglichst kleinen Elastik-Stichen umnähen. Die Arme bleiben oben offen. Erst jetzt die Arme mit einer Nahtzugabe von 0,5 cm ausschneiden und wenden.

Beine

Ein rückwärtiges Beinteil auf den Trikotstoff stecken, den Fuß nach oben klappen und den Abnäher nähen. Ein vorderes Beinteil auflegen, abzeichnen und mit 0,5 cm Nahtzugabe zuschneiden. Rechts auf rechts auf dem rückwärtigen Beinteil feststecken. Beide Teile zusammennähen.
Diese Schritte mit dem anderen Bein gegengleich wiederholen. Auch bei den Beinen die Oberkante offen lassen. Alles wenden.
Arme und Beine fest und gleichmäßig mit Füllwatte stopfen; immer nur kleine Wattestückchen mit den Fingern hineinstopfen.

Nähen Sie die oberen Beinabschlüsse per Hand mit Matratzenstich zusammen. Die Arme mit hautfarbenen Abbindegarn wie eine Wurst fest abbinden.
Achtung: Beide Arme und beide Beine müssen gleich lang sein!

Körper

Vorder- und Rückenteil auf den Rest des Trikotstoffs aufzeichnen, dabei auch die drei Falten-Markierungen auf das Vorderteil übertragen. Die rechte Stoffseite mit der Faltenmittellinie markieren. Noch nichts zusammennähen. Die Oberkanten der Beine (Füße zeigen nach vorne) werden auf der rechten Trikotseite an die Faltenmittellinie gelegt und mit der Maschine aufgesteppt.

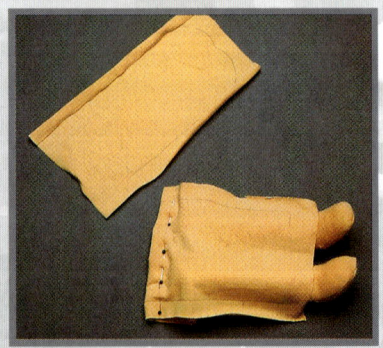

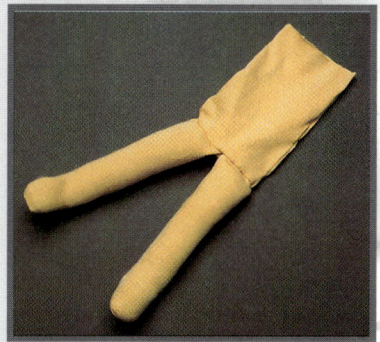

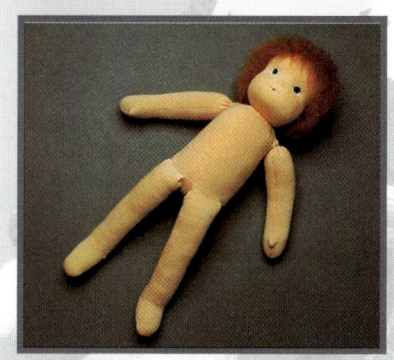

Die beiden Markierungen 1 aufeinanderlegen und von der linken Stoffseite aus zusammensteppen. Die Faltenmittellinie mit den aufgesteppten Beinansätzen steckt in der nach innen eingeschlagen Falte. Danach werden Vorder- und Rückenteil rechts auf rechts gelegt und zusammengenäht. Dabei bleibt der Körper nach oben hin offen (siehe auch Schnittmarkierungen). Jetzt werden die Arme an den Körper genäht.
Denken Sie sich vom Ohrpunkt des Kopfes eine Linie nach links und rechts bis zu den Schultern: Dort werden die Arme rundherum mit doppeltem Nähseidenfaden und im Hexenstich kreisförmig angenäht. Achten sie darauf, daß die Daumen nach vorn zeigen.

Den Rumpf in den Körper stecken

Das ganze Körperstück wird jetzt über den Kopf-Rumpf-Rohling gezogen. Zurechtzupfen, bis die Nähte gerade und genau an den Seiten sitzen. Der obere Nähabschluß darf nicht so straff sitzen, daß die Arme automatisch hochklappen. Nun die Trikotkante etwa 2 bis 3 cm nach innen einschlagen. Messen Sie oben am Vorderteil von der rechten Seitennaht 3 cm nach links zur Brustmitte hin und markieren Sie diesen Punkt mit einer Stecknadel. Das gleiche von der linken Seitennaht nach rechts wiederholen. Auf dem Rückteil beidseitig genauso verfahren. Diese Schulterpunkte brauchen wir im nächsten Schritt:

Halsabschluß

Fädeln sie hautfarbenes Abbindegarn ein. Der Halsausschnitt wird folgendermaßen eingekräuselt: Von der ersten 3 cm-Markierung bis zur zweiten kleine Reihstiche setzen. Faden über die Schulter spannen und auf der Rückseite ebenso verfahren. Die Stecknadeln entfernen und beide Fadenenden, die einmal von der Vorder- und einmal von der Rückseite kommen, fest anziehen und verknoten. Noch sichtbare Stoffteile vom Halsabbinden mit einer Schere unter das Abbindegarn schieben. Darauf achten, daß der Trikotstoff keine Falten zum Gesicht hin wirft.

Schultern

Die 3 cm, die wir eben abgemessen haben, sind die Schultern. Der Trikotstoff, der auf beiden Schultern übersteht, wird auf 1,5 cm gekürzt. Die Kanten werden übereinandergeschlagen, dabei die obere eingeschlagen. Die Schulternaht mit Matratzenstich schließen.

Bauchnabel, Po und Frisur

Bauchnabel und eine Po-Ritze werden genauso gefertigt, wie bei der Babypuppe Sonja auf Seite 15 beschrieben. Die gewünschte Frisur nach der Anleitung auf Seite 11 arbeiten.

Kleidung

Die Kleidungsstücke grundsätzlich mit einer Nahtzugabe von 0,5 cm zuschneiden.

Mädchenkleid

Schnitt „Mädchenbluse" (Unterkante siehe Markierung) und Rockbahn 19 x 80 cm

Material
Baumwollstoff, 27 x 90 cm
farblich passender Rest für die Passe
Rest Baumwollbatist für den Kragen
Gummilitze
Druckknöpfe oder Klettband als Verschluß

Zuschneiden:
Vorderteil 1 x
Rückenteil 2 x
Kragen 4 x **(ohne Nahtzugabe)**
Ärmel 2 x
Rockbahn 19 x 80 cm (auf Oberweite einkräuseln)

Oberteil nähen: Vorder- und Rückenteil rechts auf rechts legen und die Schulternähte schließen.

Kragen: Zwei Kragenhälften zusammennähen und an die Mitte des Vorderteils heften, mit der zweiten Kragenhälfte ebenso verfahren. Kragen bis zum angeschnittenen Besatz am Rückenteil heften, den Besatz darüberlegen, Schrägstreifen auf den Kragen legen, am Ende einschlagen und alles miteinander zusammensteppen. Mit dem Schrägband verstürzen und von Hand annähen.

Ärmel: Ärmelkante nach innen legen und von links feststeppen. Gummibänder auf 11 cm einziehen, Enden feststeppen. Ärmelkugel auf die Weite des Armausschnitts einreihen, Ärmel einsteppen. Ärmel- und Seitennaht durchgehend steppen.

Verschluß: Als Verschluß Druckknöpfe oder Klettband annähen.

Rock: Rockbahn einkräuseln, hintere Naht bis auf 5 cm nähen, an das Oberteil nähen.

Schürze
Material
Baumwollstoff, 28 x 115 cm
farblich passender Rest als Futter für die Passe
Wäschespitze zum Ausputzen nach Belieben
Druckknöpfe oder Klettband als Verschluß

Zuschneiden:
vordere Passe 2 x
hintere Passe 4 x
vorderes Rockteil 1 x
hinteres Rockteil 2 x
Armausschnittrüschen 2 x

Passe: Schulternähte an beiden Passen und Seitennähte schließen (1 x als Futter und 1 x als Oberstoff). Beide Passen rechts auf

rechts legen, den Halsausschnitt und die hinteren Kanten nähen. Am Halsausschnitt Nahtzugabe einschneiden, wenden, Kanten bügeln.

Rockteil: Seitennähte schließen, Rockteil an der oberen Kante auf Passenbreite einreihen, rückwärtige Naht bis zur Markierung nähen und an die Außenpasse steppen, Innenpasse einschlagen und von Hand annähen.

Ärmel: Armausschnittrüsche rundherum nur den äußeren Bogen schmal säumen, gerade Seite einkräuseln. Die Nahtzugabe der Armausschnittkante (Passe) nach innen schlagen, in die offene Armausschnittkante heften und mit der Maschine schmal absteppen.

Rock: Den Rock säumen und evtl. Spitze aufnähen.

Verschluß: Für den Verschluß Druckknöpfe oder Klettband verwenden.

Unterhose
Material
Baumwollbatist, weiß, 27 x 70 cm
Wäschespitze zum Ausputzen nach Belieben
Gummilitze
Zuschnitt 2 x

Am unteren Hosenrand Spitze annähen. Innere Hosennaht schließen. Ein Hosenbein auf rechts drehen und in das andere Hosenbein schieben. Den Schritt nähen. Einen Tunnel für die Gummilitze nähen, Gummi einziehen und zusammennähen.

Hemd/Bluse
Material
Baumwollstoff, 32 x 90 cm
Druckknöpfe oder Klettband als Verschluß

Zuschneiden:
Vorderteil 1 x,
Rückenteil 2 x,
Kragen 4 x **(ohne Nahtzugabe)**
Ärmel 2 x

Oberteil nähen: Vorder- und Rückenteil rechts auf rechts legen und die Schulternähte schließen.

Kragen: Zwei Kragenhälften zusammennähen und an die Mitte des Vorderteils heften, mit der zweiten Kragenhälfte gegengleich ebenso verfahren. Kragen bis zum angeschnittenen Besatz am Rückenteil heften, den Besatz darüberlegen, Schrägstreifen auf den Kragen legen, am Ende einschlagen und alles miteinander zusammensteppen. Mit dem Schrägband verstürzen und von Hand annähen.

Ärmel: Ärmelkante nach innen legen und von links feststeppen. Gummibänder auf 11 cm einziehen, Enden feststeppen. Ärmelkugel auf Ausschnitt einreihen, Ärmel einsteppen. Ärmel- und Seitennaht durchgehend steppen.
Beim Hemd kann man auch aus einem schmalen Stoffstreifen eine Manschette arbeiten, die mit einem Druckknopf geschlossen wird.

Verschluß: Als Verschluß Druckknöpfe oder Klettband annähen.

Jeanshose / Sporthose kurz
Material:
Jeansstoff, 29 x 64 cm
Gummilitze

Zuschneiden:
Vorderteil 2 x
Rückenteil 2 x

Seitennähte und innere Beinnaht steppen. Ein Hosenbein auf rechts

NIKOLAUS

**Zwei Varianten:
als Tischdekoration
oder als Adventskalender**

drehen und in das andere Hosenbein schieben. Mittelnaht steppen. Den angeschnittenen Besatz nach innen wenden und wie eingezeichnet feststeppen. Gummi einziehen und zusammennähen.

Sportanzug, Oberteil
Schulternaht schließen. Halsausschnitt mit Schrägband einfassen. Ärmel einsetzen. Seitennaht schließen. Als Verschluß Druckknöpfe oder Klettband anbringen

Strampelanzug
Der Strampelanzug besteht aus einer Bluse (siehe vorhergehende Seite) und einer Latzhose.

Material
Baumwollstoff, 31 x 95 cm
Druckknöpfe oder Klettband als Verschluß

Zuschneiden:
Vordere Passe 1 x
Rückseitige Passe 2 x
Hose, Vorderteil 2 x
Hose, Rückenteil 2 x

Vorder- und Rückwärtiges Passenteil rechts auf rechts legen und die Schulternähte schließen. Halsausschnitt mit Schrägband einfassen.
Hosenvorderteil: Schrittnaht schließen, auf Passenweite einkräuseln und die Passe annähen. Mit dem Hosenrückenteil ebenso verfahren. Nahtzugabe bis zum Halsausschnitt umbügeln und feststeppen. Vorder- und Rückenteil aufeinanderlegen und Seitennähte schließen. Tunnel nähen, Gummi einziehen, etwas anziehen und feststeppen.

Tischdekoration

Puppengröße: 15 cm
Kopfumfang: 13 cm

Der kleine Nikolaus schmückt den Tisch für einen gemütlichen Abend in der Adventszeit. Wegen der Stecknadel-Augen eignet er sich nicht als Kinderspielzeug.

Material für eine Puppe

Wattevlies, 30 x 15 cm
Schlauchverband für den Kopf, 25 x 4 cm
Trikot für das Gesicht, △9 x 9 cm
Trikot für die Arme, △8 x 30 cm
Abbindegarn, weiß, 2 à 40 cm
Abbindegarn, hautfarben, 40 cm
Füllwatte
Rest weißes, lockiges Garn für Bart und Haare
Häkelnadel Stärke 3

Nicki-Stoff, rot, 15 x 65 cm
Baumwollstoff, weiß, 12 x 24 cm
Kordel für den Mantel
2 Stecknadeln für die Augen
1 Perle für die Nase, ø 6–8 mm
Rupfen für den Sack, 25 x 12 cm
Rest Band zum Zubinden des Sackes

Stellen Sie das Kopf-Rumpf-Teil bis zum Ausarbeiten der Nase her, wie ab Seite 5 beschrieben.

Nase und Augen
Die kleine Perle wird nach dem Abmessen der richtigen Abstände in der Mitte auf den Schlauchverband aufgenäht. Das Gesichtstrikot darüberlegen. Auf den Fadenlauf achten. Am Hinterkopf zusammenstecken. Danach den Trikotstoff oben und bis zur Mitte des Hinterkopfes mit Hexenstichen befestigen.

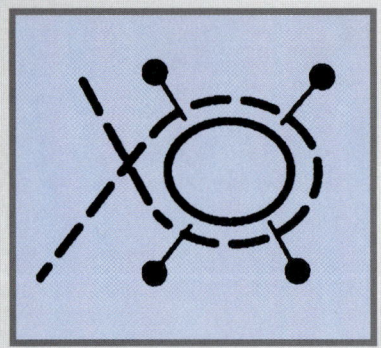

Um die Nase herum vier Stecknadeln stecken (siehe Zeichnung). Einen doppelten Nähseidenfaden zum Fischerknoten legen und um die vier Nadeln legen.

Jetzt das Trikot am Bauch feststecken und mit dem hautfarbenen Abbindegarn einen Fischerknoten um den Hals legen und vorsichtig im Wechsel mit dem Fischerknoten an der Nase zuziehen. Die vier Nadeln während des Zuziehens entfernen.

Wie immer darauf achten, daß keine Falten zum Gesicht hin entstehen und der Fadenlauf stimmt. Als Augen zwei Stecknadeln mit blauen Glasköpfen an die richtigen Stellen stecken. (Falls Kinder mit dem Nikolaus spielen sollen, winzige Perlen aufnähen oder Augen aufmalen.)

Körper

Alle Muster für den kleinen Nikolaus vom Schnittbogen abnehmen und auf die entsprechenden Stoffe stecken.

Arme

Zuerst werden die Arme aus Trikotstoff genäht, mit 0,5 cm Nahtzugabe ausgeschnitten, gewendet und mit Watte gefüllt. Die Arme mit Abbindegarn wie eine Wurst abbinden und am Körper festnähen.

Kleidung

Den Schnitt für den Mantel auf den Stoff übertragen und ausschneiden.

Mantel

Zuerst die Schulternähte bis zur Markierung schließen. Dann die Biesen von vorne nach hinten in einem durchnähen. Die Arm- und Mantelseitennaht nähen, Ärmel-

kante einschlagen und annähen. Den roten Boden aus Nicki-Stoff mit 1 cm Nahtzugabe zuschneiden und unter den Mantel nähen. Um den Boden gut an den Mantel zu nähen, werden vorher erstmal mit Stecknadeln Markierungen gesteckt. Der Boden wird halbiert und auf beiden Seiten je eine Stecknadel als Markierung angebracht. Danach wird die andere Hälfte halbiert, so daß der gesamte Boden geviertelt ist, und ebenso markiert. Gleichzeitig auch beim Mantel die Mitte markieren. Dann kann der Kreis problemlos angenäht werden.

Kapuze

Kapuzennaht schließen, Saum einschlagen und Kordel durchziehen.

Haare und Bart

Für den Bart nehmen Sie weiße Lockenwolle.
Begonnen wird mit einer Luftmaschenkette, die um das Gesicht gelegt wird. Sie soll als Bart und als Haar ausreichend sein. Mit einer Kettmasche zum Kreis schließen. Auf dem Luftmaschenkreis noch eine Reihe fester Maschen häkeln. Dieser Kreis wird um das Gesicht gesteckt von der Stirn bis zum Kinn). Dann wird eine Querverbindung unter der Nase von der einen auf die andere Seite gehäkelt (Luftmaschen). Mit einer Masche in den Maschenrand auf der Seite festmachen. Faden abschneiden und vernähen. Für den Bart jetzt noch eine Reihe über die Kinnbreite gehäkelt. Jetzt kann alles angenäht werden.

Boden

Den Boden aus weißem Stoff nähen, wenden, mit Sand füllen und zunähen.
In den roten Mantel den Sandkreis aus weißem Stoff legen, den Rohling mit den Armen hineinstecken und mit etwas Watte ausstopfen. Mantel am Hals etwas einkräuseln und verknoten. Aus Rupfen einen kleinen Sack nähen und – mit einer Überraschung gefüllt – am Mantel anheften.

Adventskalender

Puppengröße: 38 cm
Kopfumfang: 29 cm
Bauchrolle (aus Leintuchstreifen): 11 cm lang, ø 14 cm

Material für eine Puppe

Wattevlies, 220 x 15 cm
Schlauchverband für den Kopf, 48 x 5 cm
Trikot für das Gesicht, △25 x 23 cm
Trikot für den Körper, △20 x 40 cm
Abbindegarn, weiß, 2 à 120 cm
Abbindegarn, hautfarben, 2 à 120 cm
Füllwatte
Bouclégarn oder Schafsfell für Bart und Haare
Häkelnadel Stärke 5
Nicki-Stoff, rot, 31 x 135 cm
Kordel für den Mantel
1 Holzperle für die Nase, ø 10–12 mm
Baumwollstoff für den Ballon, 50 x 120 cm
Baumwollstoff für die Säckchen, 50 x 150 cm
Wasserball, ø 50 cm
Korb (z.B. Blumen-Übertopf), ø 19 – 21 cm, Höhe 17 cm
135 m Baumwollgarn für die Kordeln der Gondel
Band oder Kordel zum Zubinden der Säckchen

Stellen Sie das Kopf-Rumpf-Teil bis zum Ausarbeiten der Nase her, wie ab Seite 5 beschrieben.

Nase

Die Nase arbeiten, wie beim kleinen Nikolaus (siehe oben) beschrieben, allerdings entsprechend den Proportionen eine größere Perle verwenden.

Stoffbeutel

Den Beutel laut Schnitt aus festem Stoff nähen. Zur besseren Standfestigkeit einen Plastiksack mit Sand füllen. Dieser Sack dient als Boden und wird in den Stoffbeutel gelegt. Auf diesen Boden im Beutel stellen Sie jetzt den Kopf-Rumpf-Rohling. Den Rest des Beutels mit Watte ausfüllen. Beutel mit kleinen Reihstichen versehen und zuziehen.

Arme

Die Trikotarme nähen, ausstopfen und wie eine Wurst abbinden. Arme an die Schultern des Rumpfes nähen.

Bart und Haare

Für den Bart und die Haare nehmen Sie die große Locken- oder Bouclé-(Loop-)Wolle. Begonnen wird mit einer gehäkelten Luftmaschenkette, die um das Gesicht gelegt wird. Die Luftmaschenkette soll als Bart und als Haar ausreichend sein. (ausprobieren!) Mit einer Kettmasche die Luftmaschenkette zum Kreis schließen (der Kreis sollte rund um Stirn und Kinn reichen). Auf den Kreis noch drei Reihen feste Maschen häkeln. Diesen Kreis um das Gesicht bis zum Kinn aufstecken. Die Querverbindung wird unter der Nase mit Luftmaschen von einer Seite zur anderen gehäkelt. Mit einer Masche in den Maschenrand auf der Seite befestigen, den Faden abschneiden und vernähen. Für den Bart noch 2 bis 3 Reihen feste Maschen über die Kinnbreite häkeln und annähen.

Kleidung

Den Schnitt für den Mantel auf den Nicki-Stoff übertragen. 2 x die Arme im Stoffbruch und 2 x das Mantelteil im Stoffbruch zuschneiden (= 1x Vorder- und 1 x Rückenteil). Für den Boden einen 10 x 18 cm großen Nicki-Streifen zuschneiden. An das Vorderteil nähen Sie die Naht 1 vom Arm an (s. Zeichnung). Danach Naht 2 vom Arm aus zum Rückenteil annähen. Mit dem zweiten Arm ebenso verfahren. (Naht 3 am Rückenteil, Naht 4 wieder am Vorderteil). Jetzt haben Sie alle vier Teile aneinandergenäht. Diese Teile legen Sie jetzt rechts auf rechts im Stoffbruch am Arm, so daß vor Ihnen der Mantel liegt. Arm- und Mantelnaht nähen. Am Halsausschnitt einen Tunnel für den Durchzug nähen. Von der Mantelnaht in jede Richtung 4,5 cm abmessen und markieren. Diese Vorarbeiten sind nötig, um den Boden unter den Mantel zu nähen. Die andere Seite ebenso arbeiten. Den Nickistreifen (10 x 18 cm) an der schmalen Seite halbieren (= 5 cm) und mit Nadeln markieren. Diese Markierung wird jetzt an die Mantelnaht gesteckt. Die schmale Seite des Streifens annähen. Nadel im Stoff lassen, drehen und die lange Seite , die Sie vorher etwas angesteckt haben, bis zur Markierung (= 4,5 cm) von der Mantelnaht entfernt nähen. Wieder Nadel im Stoff lassen und das Nähgut drehen und die schmale Seite nähen. Noch einmal drehen, die lange Seite bis zur Anfangsnaht nähen.

Ballon nähen

Das vorliegende Schnittmuster ist für einen Wasserball mit mindestens 50 cm Durchmesser angefertigt. Den Schnitt 6 x aus Stoff plus Nahtzugabe zuschneiden. Zuerst werden immer zwei Teile aneinandergenäht. Danach werden die drei Teile zur Hülle zusammengenäht. Den Wasserball in die Hülle schieben und aufblasen.
Aus dem gleichen Stoff wie die Hülle werden auch die 24 Säckchen genäht. Je Säckchen wird ein Rechteck in der Größe 12 x 25 cm

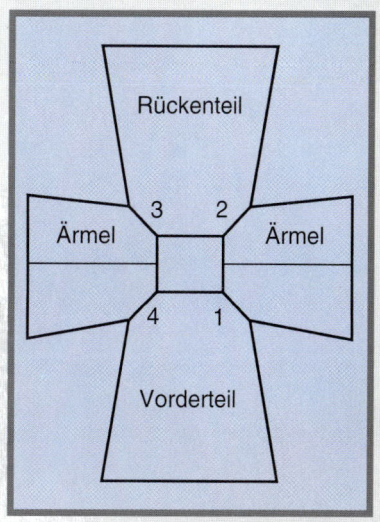

zugeschnitten, gefaltet und an den Seiten zusammengenäht.
Die fertigen Beutel sind 12,5 cm hoch. Am oberen Rand einen Tunnel nähen, Säckchen wenden und ein Band oder eine selbst gedrehte Kordel durchziehen. Diese 24 Säckchen werden dann an die Gondel gehängt.
Für die Fäden an der Gondel benötigen Sie fünf Kordeln aus farblich passendem Baumwollgarn. Vier werden für die Gondel und eine für den Umfang des Ballons verwendet. Je Schnur werden sechs Fäden zu 4,5 m gebraucht. Diese sechs Fäden werden zusammengeknotet und an einem Knethaken des Mixers befestigt. Das andere Ende der Schnüre wird an einer Türklinke befestigt. Die Fäden spannen und den Mixer auf Stufe 1 einschalten und solange anlassen, bis die Schnur schön fest gedreht ist. Jetzt Anfang und Ende miteinander verknoten. Achtung, die Kordel dreht sich sofort umeinander!
Eine dieser Kordeln wird um den Ballon gelegt und vorsichtig angeheftet. Nicht in den Ballon stechen! Die anderen vier Kordeln werden gleichmäßig um den Ballon verteilt, die Enden am Korb befestigt. Die anderen Enden werden hochgeführt, um die Mittelkordel geschlungen und weiter nach oben geführt. Zum Abschluß die Fäden oberhalb des Ballons verknoten.

KASPERL

Puppengröße: 35 cm

Der Kasperl hat ein besonders ausdrucksvolles, modelliertes Gesicht. Nach dem gleichen Prinzip können Sie auch andere Charakterpuppen anfertigen.

Material für eine Puppe

Wattevlies, 140 x 15 cm
Schlauchverband für den Kopf, 35 x 5 cm
Schlauchverband für die Arme, 44 x 5 cm
Schlauchverband für die Beine, 38 x 5 cm
Bastelkleber
Trikot für das Gesicht, Δ17 x 16 cm
Trikot für die Hände, Δ6 x 20 cm
Abbindegarn, weiß, 2 à 85 cm
Abbindegarn, hautfarben, 2 à 85 cm
Füllwatte
Fellrest für die Haare
Nicki-Stoff für den Anzug, 31 x 65 cm
kontrastfarbiger Nicki-Stoff für Mütze, Bluse und Schuhe, 30 x 115 cm
Baumwollstoff, gemustert, für die Weste, 13 x 40 cm
Baumwollstoff, uni, für das Westenfutter, 13 x 40 cm
Faltenband, weiß, 14 Falten, für den Kragen,
1 Glöckchen für die Mütze

Bereiten Sie den Kopf bis zum Ausarbeiten der Nase vor, wie ab Seite 5 beschrieben. Noch kein Gesichtstrikot aufziehen!

Nase

Auf der Gesichtsseite unterhalb des Augenfadens den Abstand von Ohrpunkt zu Ohrpunkt messen. Die Mitte mit einer Glaskopfstecknadel markieren. 1 cm unter den Augenfaden eine Masche aufschneiden. Mit einer Nadel vorsichtig noch etwas mehr Watte herauszupfen. Nun wird die Watte mit Bastelkleber eingestrichen. Wenn der Leim etwas angetrocknet ist, können Sie die Nasenflügel modellieren. Wenn sie wollen, drücken Sie noch Nasenlöcher mit einer Häkelnadel ein.

Wangen

Mit einem weißen Stück Abbindegarn binden Sie die Wangen ab: Fädeln Sie das Garn in eine spitze Nadel und stechen Sie vom Nacken aus unter das Vlies und kommen Sie vor dem Kinnfaden wieder heraus. Den Faden auf dem Schlauchverband (also sichtbar) bis zur Nase (Augenfaden) führen und unter der Nase durchstechen. Auf der anderen Seite wieder vor dem Kinnfaden einstechen und schließlich beim Anfangspunkt wieder herauskommen. Ziehen Sie beide Fadenenden auf dem Hinterkopf fest und verknoten Sie sie. Stechen Sie dann mit der Nähnadel unter den Schlauchverband und lockern Sie das Vlies etwas auf. Formen Sie dann die Wangen nach Belieben.

Mund

Auch der Mund kann abgebunden und ausdrucksvoll gestaltet werden: Mit Stecknadeln markieren Sie die Mitte des Mundes etwa 1,0 bis 1,5 cm mittig unter der Nase und die Mundwinkel rechts und links davon. Damit er freundlich wirkt, setzen Sie die Mundwinkel etwa 0,5 cm höher als den Mittelpunkt.
Fädeln Sie jetzt weißes Abbindegarn in eine lange, spitze Nadel ein. Am rechten Ohrpunkt einstechen und knapp vor dem Wangenfaden wieder herauskommen. Hier sitzt jetzt der echte Mundwinkel. Den Faden zur Mundmitte führen. Hier wieder in den Schlauch einstechen und den Faden zum Hinterkopf durchziehen. Dort wird er verknotet. Jetzt die linke Seite ebenso fertigen. Wie bei den Wangen können Sie jetzt mit der Nadel das Kinn formen.

Grübchen

Vom Ohrpunkt aus mit einer langen Nadel bis in die Nähe des Mundes stechen, herauskommen, eine Masche überspringen, einstechen und zum zweiten Grübchenpunkt auf der anderen Gesichtshälfte kommen. Dort wieder eine Masche überspringen, einstechen und am Ohrpunkt herauskommen. Den Faden leicht anziehen und verknoten.

Trikot überziehen

Nachdem Sie alle Abbindungen vorgenommen haben, streichen Sie jetzt das Gesicht dünn mit Leim ein und lassen es etwas antrocknen. Dann das Gesichtstrikot vorsichtig auflegen, andrücken, feststecken und mit Hexenstichen fixieren. Den Hals mit einem Fischerknoten abbinden und annähen. Das Kopf-Rumpf-Teil nach der Anleitung ab Seite 10 fertigstellen.

Frisur

Einen Fellrest oben an der Stirn annähen. (Mehr Haare braucht der Kasperl nicht, denn er trägt eine Mütze.)

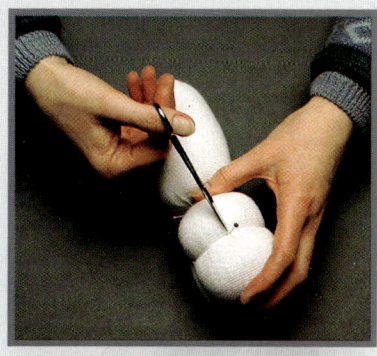

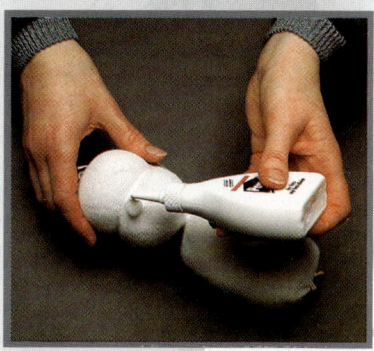

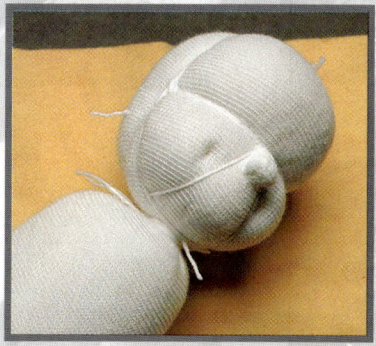

Hände und Schuhe

Verwenden Sie Trikotstoff für die Hände und Nicki-Stoff für die Schuhe. Legen Sie den Stoff doppelt und stecken Sie den Schnitt auf. Übertragen Sie die Nahtlinien und umnähen Sie alles. Nach dem Umnähen mit 0,5 cm Nahtzugabe ausschneiden.

Die zweite Hand und den zweiten Schuh genauso arbeiten.

Hände und Schuhe mit Watte füllen. Hände am Handgelenk mit dem hautfarbenen Abbindegarn und einem Fischerknoten abbinden, etwas anziehen und verknoten. Mit den Schuhen genauso verfahren.

Arme und Beine

Stecken Sie die abgebundene Hand bzw. den abgebundenen Schuh so in den Schlauchverband für Arm oder Bein, daß die Abbindestelle am Schlauchanfang innen liegt und die Hand oder der Fuß in den Schlauch hineinragt. Das Ganze mit Fischerknoten sichern. Die Abbindestellen liegen jetzt außen auf dem Verband, genau auf der Hand-/Schuh-Abbindung. Nun die Verbände wenden und die Hand/den Schuh rundherum mit festen Handstichen daran festnähen. Anschließend mit dem anderen Schuh/der andere Hand ebenso verfahren. Alle vier Teile mit Watte ausstopfen.

Nehmen Sie jetzt das fast fertige Kopf-Rumpf-Teil und nähen Sie Arme und Beine an:

Die Ansatzpunkte für die Arme liegen an den Seiten des oberen Rumpfteils, so daß die Arme senkrecht neben dem Körper herunterhängen. Die Beine werden seitlich am unteren Ende – jeweils halb am Rücken-, halb am Vorderteil – angenäht.

Kleidung

Die Kleidung besteht aus Bluse, Weste, Hose und Zipfelmütze. Zunächst alle Schnitte auf den Stoff übertragen und mit Nahtzugabe ausschneiden.

Bluse

Zuerst die Schulternähte nähen, dann Arm- und Seitennähte schließen.

Hose

Beim Vorder- und Rückenteil zuerst die Schulternaht schließen, dann die Biesen von vorn nach hinten steppen. Seitennaht ab Markierung und innere Beinnaht schließen. Ein Hosenbein auf rechts drehen, in das andere Hosenbein stecken und den Schritt schließen.

Weste

Die Weste im Stoffbruch zuschneiden und zwar einmal aus dem unifarbenen und einmal aus dem gemusterten Stoff. Beide Teile rechts auf rechts legen und die Weste (0,5 cm von der Schulter) am vorderen Ausschnitt angefangen rund um die Weste bis zur anderen Seite zusammennähen.

Auch die Armausschnitte (0,5 cm unter der Schulternaht) schmal absteppen und den rückwärtigen Ausschnitt nähen. Rundungen einschneiden und die Weste durch die offengelassene Schulternaht wenden. Kanten heften und bügeln. Vorderteil aus Stoff rechts auf rechts auf das Rückenteil legen. Schulternaht steppen, dabei das Futter nicht mitfassen! Nahtzugabe auseinanderbügeln. Am Futter die Nahtzugabe der Schulternaht nach innen einschlagen und von Hand zunähen. Die andere Schulter ebenso schließen.

Zipfelmütze

Naht schließen und die Mütze wenden.

Fertigstellung

Die Bluse anziehen. Arm- und Halsausschnitte einkräuseln, zuziehen und verknoten. Ärmelkanten ebenfalls einschlagen, einkräuseln, zuziehen und verknoten und am Handgelenk annähen. Nun die Hose anziehen. Halsausschnitt einkräuseln. Jedes Hosenbein einkräuseln und am Schuh festnähen. Armausschnitt einschlagen und annähen. Mützensaum einschlagen und auf den Kopf stecken (Naht ist hinten!), dann im Matratzenstich annähen. Weste überziehen und nach Belieben mit einem Kragen aus Satinband oder Spitze verzieren.

Die Deutsche Bibliothek - CIP-Einheitsaufnahme

Witt, Helga:
Schmusepuppen: Vorlagenmappe/Helga Witt.– Augsburg:
Augustus Verl., 1995
ISBN 3-8043-0365-X
NE: HST

Fotografie: Klaus Lipa, Augsburg
Lektorat: Helene Weinold
Layout-Konzeption: Angelika Kretschmann, München
Gesetzt aus Helvetica und Clearface Gothic
Satz und Layout: Cosmas Fette, Augustus Verlag Augsburg
Reproduktion: Litho Art, München
Druck und Bindung: Appl, Wemding
Printed in Germany

AUGUSTUS VERLAG AUGSBURG 1995
© Weltbild Verlag GmbH, Augsburg

ISBN 3-8043-0365-X